Léon Ohlsen

Das Schloss der Rätsel

Impressum

Bibliografische Information der Deutschen
Nationalbibliothek:
Die Deutsche Nationalbibliothek verzeichnet diese
Publikation in der Deutschen Nationalbibliografie; detaillierte
bibliografische Daten sind im Internet über http://dnb.dnb.de
abrufbar.
© 2022 Detlef Öhlschläger alias Léon Ohlsen
Lektorat: Christel Jachan
Korrektorat: Christel Jachan / Detlef Öhlschläger

Herstellung und Verlag: BoD – Books on Demand,
Norderstedt
ISBN: 978-3-756228836

Personen und Figuren
TALIANA (genannt: Tally)
ANJA
SINA

Die Großmutter
Der Zauberer (alias Herr Meier)
Alte Schachtel (Mutter des Herrn Meier)

Ein Bibliothekar

Eine Supermarkt-Kassenangestellte
Mehrere Supermarktkunden

ROTKÄPPCHEN
RUMPELSTILZCHEN
SCHNEEWEISCHEN & ROSENROT
HÄNSEL & GRETEL

Der FROSCHKÖNIG
SCHNEEWITCHEN & die 7 Zwerge
Der BÄR

Die BÖSE KÖNIGIN
Der BÖSE WOLF
Die (böse) HEXE

1. SZENE (*Wohnstube der Großmutter*)
(...*Der* VORHANG *öffnet sich – die Großmutter* (**GM**) *sitzt lesend in ihrem „Sessel" und das Enkelkind* TALIANA *(genannt* TALLY...) *betritt die Bühne*...)
TALLY: Hallo, Großmutter. Wie geht es dir?
GM: Hallo, mein kleiner Schatz, danke, mir geht es gut.
TALLY: (*zur GM herantretend*...): Was liest du da denn schönes?
GM: Ach, nichts weiter – es ist nur ein Märchenbuch.
TALLY: Ein Märchenbuch? Du liest noch Märchen?
GM: Ja natürlich, warum denn nicht?
TALLY: Na ja, Märchen sind doch bloß was für Kinder!
GM: Das würde ich nicht sagen. (*Und mehr für sich*...) Wenngleich auch heutzutage selbst Kinder nicht mehr die guten alten Märchen lesen! (*Und zu* TALLY): Kennst du denn überhaupt irgendwelche Märchen?
TALLY: Nö, nicht so richtig. Ich meine, bisher hab' ich noch keins richtig gelesen.
GM: Wie schade! Dabei sind es tatsächlich richtig schöne Geschichten – ein Jammer nur, dass sie in unserer heutigen Zeit immer mehr in Vergessenheit geraten!
TALLY: Wie wär's Großmutter, wenn du mir eins vorliest?
GM: Jetzt gleich? Möchtest du das wirklich?
TALLY: Aber ja, warum denn nicht?
GM: Na gut, ganz, wie du meinst. Komm setz' dich her, mach's dir gemütlich.
TALLLY (*setzt sich neben die Großmutter und diese beginnt, laut zu lesen*...)
GM: „Es war einmal vor langer, langer Zeit, da machte sich der Müllerssohn auf, die große weite Welt zu erkunden. Und wie er so..."
(*Das weitere Vorlesen wird mit* **Musik** *untermalt, so dass die eigentlichen Worte nicht mehr zu verstehen sind, bis die* GM

schließlich, das Märchenbuch zuklappend, mit den Worten endet):
GM: „…und so lebten sie glücklich und zufrieden bis an ihr Lebensende und … wenn sie nicht gestorben sind, so leb'n sie auch noch heute."
TALLY: (*sich rekelnd…*): Das war aber eine schöne Geschichte, Großmutter.
GM: Ja? Freut mich, dass sie dir gefallen hat. Aber jetzt brauche ich unbedingt einen Tee, mein Hals ist ganz ausgetrocknet vom Vorlesen. (*Erhebt sich aus ihrem Sessel und verschwindet langsam - auf einen Gehstock gestützt – Richtung Bühnenausgang, währenddessen sie noch einmal ihr Enkelkind anspricht…*)
GM: Übrigens, das Buch ist voll solcher schönen Geschichten, wie du sie gerade gehört hast mit vielen Bildern dazu. Blättere nur ein wenig darin herum, du wirst schon sehen…(*Ab von der Bühne… bald darauf ist im Hintergrund das Klappern von Geschirr zu hören…, währenddessen TALLY interessiert im Märchenbuch blättert…, dann:*)
TALLY: Großmutter!?
(*Stimme der GM aus dem Hintergrund*): Ja, mein Schatz?
TALLY: Was ist denn das hier?
GM (*vor sich hinschmunzelnd…*): Was meinst du denn?
TALLY (*das Märchenbuch zu ihr hindrehend…*): Na das hier!
GM (*nur einen kurzen Blick darauf werfend…*): Oh, das!
TALLY: Ja, Großmutter, das hier. Ist es auch eine Märchengeschichte?
GM: Nein, jedenfalls nicht im herkömmlichen Sinne. (*Und nach einer kurzen Pause…*):
So, nun hast du hast also tatsächlich „Das Schloss der Rätsel" entdeckt!
TALLY: Das Schloss der Rätsel? Was ist damit?

GM (*hinter* Tally *tretend...*): Das, mein Kind, ist keine Geschichte, denn das Schloss der Rätsel gibt es tatsächlich!

TALLY: Wo, Großmutter, wo gibt es dieses Schloss?

GM: Niemand weiß es genau, und doch sollte es unbedingt gesucht und natürlich auch gefunden werden.

TALLY: Warum? Was ist denn das Besondere an diesem Schloss?

GM: Das Besondere? Ja, weißt du... auf diesem Schloss sind alle bekannten Märchenfiguren zu Hause in ihrer wahren Gestalt und „Sinnbildlichkeit". Sie warten dort auf all denjenigen, die die Welt der Märchen noch zu achten und zu schätzen wissen und an Andere weitergegeben.Doch wenn es nicht bald gefunden wird, dann...

TALLY: ... was geschieht dann, wenn es nicht gefunden wird?

GM: Dann, mein Kind, zerfällt es nach und nach und begräbt letztendlich alle Märchenfiguren unter sich, reißt sie mit in den dunklen Abgrund einer nicht mehr wieder zu erweckenden Vergessenheit.

TALLY (*aufspringend...*): Oh nein! Das darf nicht geschehen! Ich werde es suchen und auch finden!

GM (*schon beim Hinausgehen...*): Das finde ich großartig. Sucht dieses Schloss und versucht, sein Geheimnis zu lösen...

TALLY (*zum Publikum...*): Das Schloss der **Rätsel**? Jedes Rätsel kann gelöst werden!
(*Ab von der Bühne...*)

2. SZENE (*Wohnstube der Großmutter...*)
(**TALLY** *betritt den Wohnraum der* GM, *setzt sich hin und greift zum Telefon...*)
Ja hallo, hier ist Taliana. Grüß dich Sina, wie geht's? Gut, das freut mich. Du hör' mal, hast du Lust, vorbeizukommen, ich bin bei meiner Großmutter und habe etwas total Sensationelles entdeckt. Was? Nein, lässt sich wirklich schlecht am Telefon besprechen... ist schon besser, du schaust es dir selber an. - Ob es sich lohnt? Na, ich denke schon... Ja, komm' einfach vorbei, und Sina, bring am besten gleich Anja mit.   Einverstanden. Also, dann, bis gleich. (*Legt auf...*)
(GM *betritt ebenfalls den Wohnraum....*)
GM: Nun, Taliana, wie ich hörte, erwartest du deine Freundinnen?
TALLY: Ja, Großmutter, ich muss ihnen unbedingt vom Schloss der Rätsel erzählen.
GM:. Du scheinst das ja wirklich ernst zu meinen.
TALLY: Ja aber natürlich meine ich es ernst! Wenn ich sie davon überzeugen kann, mit mir zusammen dieses Schloss zu suchen, machen wir uns heute noch auf den Weg.
GM (TALLY *prüfend anschauend...*): Ja, es ist dir wohl nicht mehr auszureden. Nur gut, dass ihr gerade Ferien habt.
TALLY: Genau, eben drum müssen wir die Zeit ausnützen. Wer weiß, wann sich die nächste Gelegenheit dazu bietet!
GM: Schon gut, mein Kind. Ich koche euch einen Tee und stelle etwas Gebäck auf den Tisch.
TALLY: Danke, Großmutter. Soll ich dir dabei helfen?
(*Es klingelt an der Wohnungstür...*)
GM: Lass' nur, ich mach' das schon. Geh' du nur und öffne deinen Freundinnen.
(*Ab von der* Bühne...)

TALLY (*die Wohnungstür öffnend...*): Ja hallo, ihr beiden, kommt rein.
(*Die zwei Freundinnen,* SINA *und* ANJA, *betreten die Bühne...*)
SINA : Hallo, Tally, was gibt's denn Spannendes? Hab' g'rad ein neues Computerspiel ausprobiert, von dem du mich weggeholt hast.
ANJA: Ich hab' auch nicht viel Zeit, muss heut' noch zum Reiten. Also, was gibt's?
TALLY: Gut okay, dann komm' ich gleich zur Sache. (*das Märchenbuch hervorholend...*) Darum geht's!
SINA: Ein Buch?! Hm...
ANJA: Ja tatsächlich, nur ein Buch.
TALLY: Es ist nicht *nur ein Buch*!
ANJA: Spann' uns nicht länger auf die Folter, meine Zeit ist knapp bemessen!
TALLY: Okay, setzt euch, ich will es euch erklären.
(SINA *und* ANJA *setzen sich,* TALIY *erwartungsvoll anschauend...*)
TALLY: Meine Großmutter hat mir aus diesem Buch vorgelesen – es ist ein Märchenbuch und...
SINA: Seit wann liest du denn Märchen?
TALLY: Na ja... so hab' ich auch erst gedacht, bis ich eben das Schloss der Rätsel entdeckt habe.
SINA und **ANJA**: Das Schloss der Rätsel?
(Gm *betritt den Raum, ein Tablett mit Teegeschirr und Gebäck in den Händen...*)
GM:Ja, das Schloss der Rätsel. Allein, es nur auszusprechen, kann einen schon in den Bann ziehen, der von ihm ausgeht.
ANJA: Hört sich geheimnisvoll an. Aber...was hat das mit diesem Märchenbuch hier zu tun?
SINA: Interessiert mich jetzt auch. Erzähle!
(TALLY *beginnt zu erzählen, währenddessen die* GM *Tee und Gebäck präsentiert..., dann:*)

SINA: Ja, wenn das so ist… Du hast Recht, wir sollten versuchen, dieses Schloss zu finden.
ANJA: Dem kann ich mich nur anschließen, nur, auf eine Frage finde ich keine Antwort, nämlich: Wo suchen wir?
SINA Ja, wo fangen wir mit der Suche überhaupt an?
TALLY (*zur* GM): Großmutter, kannst du uns vielleicht diese Frage beantworten?
GM: Ich fürchte, nein. Niemand kennt die Antwort, außer vielleicht…
TALLY: Ja? Außer wer?
GM: Nun, ihr solltet Herrn Meier aufsuchen, er kann euch vielleicht weiterhelfen.
TALLY: Herrn Meier? Meinst du den Herrn Meier aus dem Supermarkt da vorne?
GM: Ganz genau, den meine ich. Es könnte immerhin ein Anfang sein!
(TALLY, ANJA *und* SINA [T A S] *schauen sich ratlos an…*)
SINA: Deine Großmutter hat dich auf dieses Schloss gebracht, vertrauen wir doch auch diesm ihrem Rat.
ANJA: Das finde ich auch!
TALLY: Abgemacht! So sei es – besuchen wir Herrn Meier!
(*Alle ab von der* Bühne…)

3. SZENE: (***Im Supermarkt***)
(TALLY, ANJA *und* SINA [T A S] *betreten den Supermarkt, auf die Verkäuferin an der Kasse zugehend*)
VERKÄUFERIN (VERK.): Was wollt ihr denn hier? Ihr seid auf der falschen Seite!
SINA: Wieso das denn?
VERK.: Na, der Einkauf findet <u>dort</u> statt! (*auf den Verkaufsraum zeigend…*) Aber wahrscheinlich wollt ihr bloß wieder Kleingeld für den Zigarettenautomaten. Okay, müsst ihr warten, bis die Kasse geöffnet ist…

ANJA: Hey, Moment mal… (*wird von einem Kunden in der Kassenschlange unterbrochen…*)

KUNDE: Das ist hier doch keine Wechselstube – könnt ihr euch genauso hinten anstellen wie wir alle!

TALLY (*zu dem Kunden*): Sie sind wirklich ein sehr freundlicher Mensch, schade nur, dass es von ihrer Sorte nicht noch mehr auf der Welt gibt.

Eine „**ALTE verwitterte SCHACHTEL**" (*ebenfalls Kundin in der Kassenschlange…*) Der Mann hier hat aber vollkommen Recht, wir stehen hier schließlich nicht nur zu unserem Vergnügen rum!

Weitere *KUNDIN* (zur „**alten Schachtel**"): Versteh' sowieso nicht, warum hier immer nur eine Kasse geöffnet ist, obwohl so viele Kunden im Laden sind!...

3. KUNDIN: Ist wirklich eine Frechheit, dass wir Kunden uns hier ständig die Beine in den Bauch stehen müssen!

4. KUNDE (*zur 3. KUNDIN*): Na, dann kaufen sie doch woanders ein, wo's leerer ist!

3. KUNDIN: Hach, sehr komisch… und wo's dann ja wohl auch viel teurer ist!

4. KUNDIN: Tja, man kann eben nicht alles haben!

ANJA (TALLY *anstoßend…*) : Geh'n wir doch einfach rein und suchen Herrn Meier auf eigene Faust.

SINA (*zur Kassenverkäuferin*): Wir wollten ja nur fragen, wo wir Herrn Meier finden können.

VERK.: Ihr seht doch, ich kann jetzt nicht. Bin hier ganz alleine an der Kasse.

TALLY: Ist Herr Meier denn überhaupt da?

VERK.: Keine Ahnung, habe ihn heute noch nicht gesehen.

„**ALTE SCHACHTEL**": Ja geht das da vorne nun endlich weiter oder ist das hier neuerdings ein Auskunftsbüro?!

VERK.: Kinder, ihr müsst bitte warten!

ANJA: Los, kommt, wir suchen ihn selbst.

TALLY: (ANJA *zurückhaltend...*) Augenblick noch. Irgendetwas stimmt hier nicht.
SINA: Das kannst du aber laut sagen.
ANJA: Wenn wir hier noch weiter versuchen, nach Herrn Meier zu fragen, werden wir wahrscheinlich bald von der geballten Ladung Freundlichkeit der Leute erschlagen!
TALLY: Hm, aber das meine ich nicht.
SINA: Nicht? Was meinst du dann?
TALLY: Ich weiß nicht, ist nur so ein Gefühl... kommt mir vor wie ein Test... Diese alte Frau da...
SINA: Ein Test? Wenn du meinst, ein Test für Geduldsübungen, dann stimme ich dir zu.
(*Inzwischen ist die* „Alte Schachtel" *an der Kasse...*)
ANJA: Was machen wir nun?
„ALTE SCHACHTEL" (*gerade an der Kasse zahlend...*) Wie wär's denn damit?: Ihr helft mir beim Tragen der Einkauftaschen und eure Hilfe soll belohnt werden.
TALLY (*zur* „Alten Schachtel"): Wir sind nicht hier, um unser Taschengeld aufzubessern, wir...
„ALTE SCHACHTEL": Ich weiß, ihr sucht Herrn Meier.
SINA: Kennen Sie ihn denn?
„ALTE SCHACHTEL" : Ihn kennen? Ich denke, schon. Also, was ist nun mit den Taschen?
TALLY: Okay, geben Sie her. (*Sich zwei Taschen schnappend und zu* ANJA *und* SINA): Nehm t ihr den Rest?
(ANJA u. SINA *greife n sich die restlichen Einkaufstasche*)
ANJA: Okay, geh'n wir. Wenn es denn der Weg sein soll, der zu Herrn Meier führt...warum nicht?
„ALTE SCHACHTEL" : Eine weise Entscheidung! Kinder, ich glaube, ihr gefallt mir.Ich wohne gleich gegenüber, der Weg ist also nicht weit.
(*Alle vier verlassen den Supermarkt...*)

(*Kurzer* VORHANG ➜ *Abbau der* Supermarkt-Requisiten *und Aufbau des* Wohnzimmers der „Alten Schachtel" …)

4. SZENE: (*Im Wohnzimmer der „Alten Schachtel"*)
„**ALTE SCHACHTEL**"(*die Wohnungstür aufschließend…*)
    Das finde ich wirklich sehr nett von euch!
    Nehmt Platz, macht es euch gemütlich –
    ich hole derweil eure Belohnung.
  [T A S] *schauen sich verstohlen um und setzen sich…*)
TALLY (*auf den Sessel zeigend…*) Sieht ja genauso aus wie der Sessel meiner Großmutter!
ANJA: Ja tatsächlich! Ist ja merkwürdig…
SINA: Na, so einen Sessel gibt's doch sicherlich mehrmals – bestimmt nur ein Zufall.
Herr MEIER: (*den Raum betretend…*): Es ist kein Zufall, und diesen Sessel gibt es auch nur dreimal, um genau zu sein.
([T A S] *drehen sich erstaunt zu* Herrn MEIER *um…*)
TALLY: Ja, aber…
Hr. MEIER: Gestattet, dass ich mich vorstelle: ich bin der Herr Meier.
ANJA: Sie sind Herr Meier? Und wer ist dann…?
Hr. MEIER: Ah, ihr mein t die alte Frau, die euch hergebracht hat? Sie ist meine Mutter und gibt sich gerne als alte Frau aus. Vor allem, wenn sie erfahren hat, das s ma n mich zu bestimmten Zwecken sucht…
SINA: Und woher wusste sie davon, ich meine, woher wusste sie, aus welchem Grund wir zu Ihnen wollten?
Hr. MEIER (*auf den Sessel deutend…*): Wie gesagt, diesen Sessel gibt es genau dreimal. Was glaubt ihr wohl, wo sich der dritte Sessel befindet?
TALLY: Doch nicht etwa…?
Hr. MEIER: Nun, wenn ich das richtig verstanden habe,

seid ihr auf der Suche nach dem „Schloss der Rätsel".
ANJA: Also gibt es dieses Schloss tatsächlich!?
Hr. MEIER: Nur, wer über jeden Zweifel an seiner Existenz erhaben ist, wird auch den Weg dorthin finden. Dass ihr dem Rat Talianas' Großmutter gefolgt seid, lässt darauf schließen, es tatsächlich ernst zu meinen.
TALLY (*nach kurzem Zögern*): Und Sie... Sie wissen den Weg dorthin, stimmt's?
Hr. MEIER: Sagen wir, ich könnte zumindest die Richtung weisen, doch der Rest hängt ganz von euch selbst ab.
SINA: Okay, was müssen wir denn tun?
Hr. MEIER: Nun, zunächst gilt es, ein Rätsel zu lösen, denn nur durch dessen Lösung gibt es den ersten richtungsweisenden Schritt.
ANJA: Ein Rätsel, sagen Sie? Was für ein Rätsel?
SINA: Ja, und wann und wo muss es gelöst werden?
Hr. MEIER: Sobald ihr dazu bereit seid.
TALLY: Ich denke, wir sind bereit. Von uns aus kann es gleich losgehen!
Hr. MEIER (*die drei Freundinnen prüfend anschauend*): Ganz, wie ihr meint.
SINA: In Ordnung, schießen Sie los!

Hr. MEIER (*in feierlicher Pose...*): Also gut, hört genau zu!
Immer ist es nah – doch niemals ist es da.
Immer wenn ihr denkt, ihr seid ganz nah daran nimmt es andere Namen an.
([T A S] *schauen sich ratlos an...*, Hr. MEIER *macht sich auf den Weg Richtung Zimmerausgang...* und seine
MUTTER *betritt den Raum, nun nicht mehr als* „Alte Schachtel" *verkleidet...*)
MUTTER: Nun Kinder, ich hoffe, ihr seid mit eurer Belohnung zufrieden.

(*Und zu* Herrn MEIER, *ihrem Sohn*): Es ist endlich soweit, ich habe dein Amulett aus unserer Truhe geholt. Vielleicht brauchst du es ja demnächst.

Hr. MEIER (*das* Amulett *entgegennehmend und sich um den Hals hängend*...): Ich danke dir, Mutter.

(*Und zu* [T A S] ...): Nun, zunächst noch sprachlos?

TALLY: (*aufspringend*): Aber klar, ich hab's! Es ist das Schloss der Rätsel selbst.

ANJA: Ja, es passt alles genau zusammen: „Immer ist es nah, doch niemals da..."

SINA: Nein! Der Schluss stimmt dann nicht, denn es nimmt ja nicht immer andere Namen an, oder?

Hr. MEIER: Kinder, tut mir einen Gefallen und versucht nicht, das Rätsel hier und jetzt zu lösen. Geht erst einmal nach Hause und denkt in Ruhe darüber nach. Ihr könnt mich jederzeit besuchen, wenn ihr meint, des Rätsels Lösung gefunden zu zu haben – ihr wisst ja jetzt, wo ihr mich finden könnt. Einverstanden?

[T A S] **zusammen**: Ja, einverstanden.

TALLY: Also, dann bis bald Herr Meier. Und...vielen Dank!

(*Und zu* ANJA *und* SINA:) Kommt, gehen wir erst einmal.

(LICHT aus - **V O R H A N G**)

5. SZENE (*In der Bibliothek*)

([T A S] *treffen sich vor der Bibliothek*...)

TALLY: Hallo, da seid ihr ja!

SINA: Na, wenn du uns rufst, sind wir da, das weißt du doch!

ANJA: Meint ihr wirklich, dass das eine gute Idee ist?

SINA: Wieso nicht? Wenn nicht in einer Bibliothek, wo dann sonst sollten wir nach Büchern suchen, die uns zur Lösung des Rätsels weiterhelfen könnten?

TALLY (*zu* ANJA): Hast du eine bessere Idee?

ANJA: Nein, eigentlich nicht. Gehen wir rein.
([T A S] *betreten die Bibliothek*...)
TALLY (*geht zum Tisch der* Bibliothekarin...): Guten Tag! Sagen Sie bitte, in welchem Regal können wir Rätselbücher finden?
Bibliothekarin (Bbthk.): Rätselbücher? Nun, so etwas führen wir hier eigentlich nicht. Versucht es doch einmal in einer Buchhandlung.
SINA: Ich glaub', meine Freundin meint eher ein Buch über Rätsel.
ANJA: Ja, ein Buch, in dem viele bekannte und auch unbekannte Rätsel der ganzen Welt aufgezeichnet sind.
TALLY: Und natürlich auch ihre entsprechenden Lösungen!
Bbthk: Hm, verstehe. Tja, versucht es mal in der Regalreihe 14 a – unter Umständen findet ihr dort, was ihr sucht.
TALLY: Vielen Dank. (*Und zu den beiden anderen*...): Kommt!
([T A S] *betreten die entsprechende Regalreihe und „studieren" die Titel auf den Buchrücken*...)
ANJA: „Die Geheimnisse der Azteken" ...
TALLY: „Geheimnisvolle Schätze der Maya" ...
ANJA: „Urtiere der Vorzeit" ...
TALLY: „Pangäa – Die Urzeitkontinente der Erde" ... Merkwürdig, sieht alles eher nach Zeitgeschichte aus, aber nicht nach...Rätsel.
SINA (*die bisher die gegenüberliegende Regalreihe betrachtet hat*...): Ihr seid ja auch auf der falschen Seite! Das hier ist Reihe 14 a!
(TALLY *und* ANJA *drehen sich zu ihr herum*....)
TALLY: Oh ja, du hast Recht. Und, hast du was gefunden?
SINA: Nein, bisher noch nicht. Außer vielleicht... (*ein Buch aus dem Regal herausnehmend*...) ... das hier... Zumindest ist der Titel recht viel versprechend.
ANJA: Zeig' mal her. „Ungelöste Rätsel der Welt" Tja...

TALLY: Wir müssen die ganze Reihe durchforsten und sollten uns dazu aufteilen. Jeder übernimmt einen Abschnitt.

ANJA: Oh je oh je, das kann ‚ne Weile dauern, bei der Büchermenge...

([T A S] „studieren" *weiter die Titel der Bücher...*)

(*Dann... TALLY zieht ein Buch aus dem Regal und dabei fällt ein etwas weiter entfernt stehendes Buch aus dem Regal und landet aufgeschlagen auf dem Fußboden... SINA bückt sich und hebt es auf...*)

SINA: Wie geht das denn?

TALLY: Wie geht was?

SINA: Wieso fällt dieses Buch aus dem Regal, obwohl du doch...

ANJA: ...ein Buch viel weiter hinten rausgezogen hast?

TALLY: Stimmt, ist schon irgendwie merkwürdig.

ANJA: Hier spukt's !

SINA (*das Buch zuschlagend und den Titel laut lesend...*): „Heute ist morgen schon gestern"

ANJA: Na, wenn das kein weiteres Rätsel ist...

SINA: Oder aber des Rätsels Lösung!

TALLY: Hm...ich hab' schon wieder das gleiche Gefühl wie neulich im... Supermarkt. Erinnert ihr euch?

ANJA: Hilf' mir mal auf die Sprünge: Was meinst du damit?

TALLY: Neulich kam mir die ganze Sache an der Kasse da im Supermarkt wie ein Test vor, ausgehend von der alten Frau und...

SINA: ... die sich dann als die Mutter von Herrn Meier entpuppt hat, der offensichtlich weiß, wovon wir eigentlich reden und uns dieses Rätsel gestellt hat.

TALLY: Herr Meier! Das hier war kein Zufall. Wir sollten uns dieses Buch ausleihen und durchlesen.

ANJA (*zu* SINA...): Zeig' mal her! (*Nimmt das Buch und schlägt es auf, hält erschrocken inne...*):

Aber... das ist doch nicht möglich!
TALLY: Was ist?
ANJA (*das Buch* TALLY *und* SINA *zeigend...*): Es ist... es ist leer – es hat nur ...leere Seiten!
SINA (*das Buch wieder an sich nehmend...*): Das ist unmöglich! Es lag aufgeschlagen auf dem Fußboden und war vollgeschrieben – wie ein ganz normales Buch!
([T A S] *schauen sich verständnislos an..., dann...*)
SINA (*zu* TALLY): Du hast Recht, es war kein Zufall, und es spukt auch nicht! Ich denke mal, Herr Meier ist mehr als nur der Leiter des Supermarktes!
ANJA: Na schön, und was hilft uns diese Erkenntnis nun weiter? Und wie kriegen wir den Text wieder in das Buch oder stellen wir einfach, so wie es ist, wieder ins Regal?
TALLY (*zu* SINA): Was meinst du? Ich meine, bist du sicher das du da eben gerade noch beschriebene Seiten gesehen hast?
SINA: Hundertprozentig! (*kurz nachdenkend...*): Meines Erachtens halten wir hier die Lösung des Rätsels in der Hand. Und wenn kein Text mehr vorhanden ist, kann das nur bedeuten, dass wir uns mit dem beschäftigen müssen, was noch da ist! (*Liest noch einmal den Titel auf dem Einband des Buches...*)
„Heute ist morgen schon gestern"
TALLY (*noch einmal das Rätsel zitierend...*) „Immer ist es nah – doch niemals ist es da..."
ANJA (*ergänzend...*): „...immer wenn ihr denkt, ihr seid ganz nah daran, nimmt es andere Namen an"
Tja, das mit dem Namen bringt mich irgendwie nicht weiter.
SINA: Also, was haben wir denn? HEUTE, MORGEN und GESTERN. Dann haben wir noch die Wörter „ist" und „schon". Was wäre denn, wenn wir vor die entscheidenden Wörter einen Artikel setzten?

TALLY: Du meinst… das HEUTE, das MORGEN und das GESTERN?

SINA: Ja, aber wenn wir wieder einen ganzen Satz daraus machen, dann müsste es heißen: Das HEUTE ist morgen schon das GESTERN. Dann würde vor dem Wort MORGEN der Artikel wegfallen.

ANJA: Verflixt, ich glaube, wir sind ganz nah dran!

TALLY (*wieder das Rätsel zitierend…*): „Immer ist es nah – doch niemals ist es da…"

SINA:Das HEUTE ist immer da, ebenso wie das GESTERN! Das einzige, was fehlt, ist…

Alle drei zusammen: …das **MORGEN** !

(*In diesem Augenblick tritt HERR MEIER, diesmal in seiner wahren Gestalt als ZAUBERER, hinter dem Bücherregal hervor, stellt das Buch wieder ins Regal, nimmt das Amulett vom Hals, hält es hoch und sagt:*)

Hr. MEIER: Herzlichen Glückwunsch ihr drei, ihr habt es geschafft! Und nun wünsche ich euch eine gute Reise – eine Reise zum **Schloss der Rätsel**!

(*„Blitz" und „Donner", untermalt von entsprechender Musik, erhellen die Bühne und [T A S] entschwinden Pirouetten drehend ins Reich der Märchenwelt…*)

      V O R H A N G

6. SZENE (*Im Märchenwald…*)

([T A S] *finden sich in einem Märchenwald wieder und suchen zunächst eine Orientierung*

SINA: Wo… wo sind wir?

ANJA: Ich glaub', wir sind in einer völlig anderen Welt gelandet. Das ist…

TALLY: …Zauberei, wolltest du sagen?

SINA: Aber ja, ich erinnere mich: der Zauberer in der Bücherei. Er hat uns hierher gebracht!

ANJA: Wie sagte er doch noch zum Abschied? Und jetzt wünsche ich euch eine gute Reise.

TALLY: Ja, eine gute Reise zum Schloss der Rätsel. Also, sind wir schon mal an der richtigen Stelle. Die Frage ist nur... (*sich dabei in alle Richtungen umschauend...*), welche Richtung sollen wir einschlagen?
SINA (*sich ebenfalls umschauend...*): Ich würd' vorschlagen, wir gehen da lang. (*Zeigt in irgendeine Richtung...*)
ANJA: Warum ausgerechnet da lang?
SINA: Na, weil ein Weg so gut oder auch so schlecht ist wie jeder andere - also, marschieren wir einfach los, okay?
TALLY: Sina hat Recht, gehen wir. ([T A S] *setzen sich Bewegung, aus der Ferne* [*aus dem Hintergrund...*] *ertönt leise Musik und* [T A S] *halten kurz inne...*)
TALLY: Seid' mal still! Hört ihr das?
ANJA: Ja, Musik. Kommt aus dieser... Richtung da. (*Zeigt in die Richtung...*)
SINA: Ja, das schauen wir uns mal an!
TALLY: Aber seid vorsichtig!
ANJA: Was ist, hast du etwa Angst?
TALLY: Ich hab' keine Angst! Aber weißt du, was uns hier alles erwartet?
SINA: Wohl kaum, wir wissen ja noch nicht einmal richtig, wo wir hier überhaupt sind!
TALLY: Eben d'rum sollten wir vorsichtig sein.
ANJA: Sind wir ja auch. Wir schleichen uns an, um zu sehen, was da los ist, okay?
([T A S] *bewegen sich langsam und vorsichtig voran und erreichen eine Lichtung, auf der eine Märchenfigur vor sich hinsingt...*)
ROTKÄPPCHEN [ROTK.] (*Blumen pflückend und dabei singend...* [*auf der Melodie von*: Ein Männlein steht im Walde...]
Sag', wer geht durch die Wälder ganz still und stumm...
Wer schleicht da durch die Felder und ist ganz krumm...

RUMPELSTILZCHEN [RUMP.] (*tritt hinzu und singt:*)
  Na sag' mal, du hast ja wohl den falschen Text
  Machst aus allen Märchen ,nen bunten Mix.
Und beide zusammen: Ja, die schöne Märchenwelt
  geht dahi-hin und zerfällt
  Zer-her-fällt wie Staub im Wind –
  zerfällt wie Staub im Wind
ROTK.: (*zweite Strophe beginnend...*)
  Was war'n das doch für Zeiten, als es uns noch gab.
  Über uns wurd' viel geschrieben...
(*In diesem Augenblick betreten* [T A S] *die Lichtung, und* ROTK. *hält mit ihrem Gesang inne...*)
RUMP.: Was ist, warum singst du nicht weiter?
ROTK. (*auf* [T A S] *zeigend...*): Na sieh' doch mal, wer da kommt!
RUMP. (*sich zu* [T A S] *umdrehend...*): Nein – na so was!
  Wer seid ihr drei lustigen Wesen denn?
  (*Weicht mit* ROTK. *etwas ängstlich zurück...*)
  Ihr tut uns doch nichts, oder?
TALLY: Aber nein! Habt keine Angst.
SINA: Hallo, ihr Zwei, ihr seid doch Rotkäppchen und . . . Rumpelstilzchen, oder?
RUMP.: Scharfsinnig erkannt. Und ihr drei... ihr kommt doch nicht etwa aus der... Menschenwelt?!
ANJA: Ganz recht, wir sind Menschen aus der realen Welt. Aber sagt mal, **wo** sind wir hier eigentlich?
ROTK.: Na, in der Märchenwelt, wo denn sonst. Die Frage ist nur, was ihr drei komischen Wesen hier zu suchen habt.
RUMP.: Ja, welcher magische Zauber hat euch denn hierher verschlagen?!
TALLY: Das wissen wir selbst auch nicht so genau. Aber wir sind nun mal hier und suchen das Schloss der Rätsel.

RUMP.: (*kurz zusammenzuckend...*) Das Schloss der Rätsel, sagt ihr? (*...und nach einer kurzen Pause:*) Nie davon gehört! (*...und zu* ROTK.): Du vielleicht?
ROTK.: Nö. Hier gibt's ‚nen Haufen Schlösser, aber die meisten sind zerfallen.
RUMP: Was wollt ihr denn in diesem ...Schloss der Rätsel?
TALLY: Wir müssen es finden, um euch zu retten!
ROTK.: Um uns zu retten? Was meint ihr damit?
SINA: Na, wenn ich eurem Gesang richtig gelauscht habe, dann beklagt ihr doch selbst den Zerfall der Märchenwelt, oder?
RUMP: Ganz recht. Sieht fast so aus, als wolle uns niemand mehr so recht haben. Schuld daran seid ihr Menschen, weil ihr nämlich...
ANJA: Ja Rumpelstilzchen, das wissen wir, deswegen sind wir ja hier. Also, was ist nun mit dem Schloss der Rätsel?
RUMP (*wieder singend...*): Ich bin das Männlein aus dem Walde ganz still und stumm
Hab' von allem keine Ahnung, drum geh' ich nun...
(ROTK. *an der Hand ziehend...*) Komm Rotkäppchen, wir gehen und über lassen diese Menschenkinder da ihrem Schicksal!(*Zieht es mit sich fort zumBühnenabgang...*)
Beide (*singen noch einmal kurz*): Ja die bunte Märchenwelt geht dahi-hin und zerfällt...
TALLY: (*ihnen hinterherschauend...*): Hey, so wartet doch mal! Wir...
SINA: Vergiss' es! Die sehen wir nicht mehr wieder.
ANJA: Scheint fast so, als hätten wir sie verschreckt.
TALLY: Irgendetwas stimmt hier ganz gewaltig nicht!
SINA: Ach weist du Tally, seit du uns angerufen hast, wir sollten doch mal vorbeikommen, weil du etwas ganz Sensationelles entdeckt hast, stimmt eigentlich überhaupt nichts mehr.

ANJA: Genau! Was Wunder, wenn es hier jetzt anders sein sollte. (*Die anderen beiden fragend anguckend...*): Nun?
TALLY: Was... nun?
SINA: Nehme an, Anja wollte fragen, in welche Richtung wir nun weitergehen, stimmt's?
ANJA: Ganz genau. Also?
TALLY (*sich um die eigene Achse drehend und achselzuckend in eine Richtung zeigend...*): Da lang!
([T A S] *setzen sich in Bewegung Richtung Bühnenabgang)*
Kurzer *V O R H A N G*

7. SZENE (*Froschkönig...*)
([T A S] *betreten wieder die Bühne...*)
ANJA: Das war schon eine seltsame Begegnung mit den beiden.
SINA: Sollte mich nicht wundern, wenn wir noch weitere seltsame Begegnungen erleben – dieser ganze Märchenwald hier scheint ja völlig durcheinander zu sein.
TALLY: Sicher, aber in diesem Durcheinander müssen wir unbedingt das Schloss der Rätsel finden. Nur dort, so glaube ich, finden wir auch des Rätsels Lösung für das ganze Durcheinander hier.
ANJA: Was wir gebrauchen könnten, wäre irgendwie ein konkreter Hinweis, in welche Richtung wir eigentlich lgehen müssen. Vielleicht... (*hält inne, da sie des Brunnens gewahr wird...*) Was ist das da?
SINA: Sieht aus wie ein Brunnen. Den schauen wir uns mal an. ([T A S] *bewegen sich auf den Brunnen zu, an dessen Rand der* „**Froschkönig**" [FRK.] *sitzt...*)
TALLY (*zum FRK*): Ja hallo, sag' mal, wer bist du denn?
FRK.: (*steht auf und als* **RAP** *singend...*)
*Ich bin der **Frosch**könig wie **ihr** wohl seht*
*Hab' ,ne **Krone** auf'n Kopf, na, wie **das** wohl geht*

> *Sitz' **hier** am Brunn'n und **hab'** nichts zu tun*
> *und **hab'** beschlossen mich mal **auszuruh'n***

ANJA: Auszuruhen? Wovon denn?

FRK. (*weiter den* **RAP** *singend…*):
> *Na eines **schönen** Tages kommt dah**er** so'n junges*
> *Ding, das sich auch noch **vornehm Königs**tochter nennt*
> *Spielt mit ,ner **gold**'nen Kugel wild her**um, lässt** sie in*
> *den **Brunn'** fallen und **mir** der Schädel brummt*
> *Dann **sitzt** sie hier am Rand und **flennt** wie wild,*
> *weil ihre blöde **Kugel** in den **Brunn**en fällt*
> *Da **geb'** ich ihr das Ding zur**ück** und **möcht'** dafür*
> *auf **ihrem** Schloss eine **off**'ne Tür*
> *Doch was **macht** da **die**se dumme Kuh:*
> *schlägt mir vor der Nase alle **Türen***
> *Ich bin der **Frosch**köni (arg) ge**beutelt** und gequält*
> *mit ,ner **Krone** auf'n Kopf, na, wie **das** wohl geht…*

([T A S] *schauen sich verdutzt an… FRK schaut alle drei fragend an…*)

FRK.: So, nun wisst ihr bescheid. Oder habt ihr etwa noch eine Frage?

ANJA: Okay, du bist also der Froschkönig. Aber was zum Teufel ist hier eigentlich bei euch los?!

FRK.: Wie meinst du das: was ist bei euch los? Was soll schon los sein?

SINA: Na, der ganze Märchenwald hier spielt doch wohl völlig verrückt!

FRK. (*sich am Kopf kratzend…*): Na ja , in gewisser Weise habt ihr Recht. Scheint so, als ob wir Märchenfiguren alle etwas durcheinander geraten sind, doch weiß keiner so richtig genau, warum. Aber sagt mal: aus welchem Märchen stammt ihr denn eigentlich?

TALLY: Aus gar keinem. Wir sind aus… wir sind aus der Welt der Menschen, die die Märchen eigentlich lesen und haben gehört, dass es euch Märchenfiguren tatsächlich gibt, gerad' so als lebtet ihr in einer Pa-

Rallelwelt. Aber irgendetwas stimmt hier ganz gewaltig nicht, deshalb sind wir auf der Suche nach dem Schloss der Rätsel.

FRK.: Das Schloss der Rätsel? Meint ihr etwa das Schloss, auf dem diese garstige Königstochter lebt? Das könnt ihr vergessen!

ANJA: Nein, dieses Schloss meinen wir nicht. Es heißt richtig das Schloss der Rätsel. Hast du nie etwas davon gehört?

FRK.: Nein, tut mir leid. (*auf den Brunnen zeigend...*) Wenn ihr mich entschuldigen würdet – ich muss wieder in meinen Brunnen, die Ausruhzeit ist leider vorbei. Macht's gut, auf bald mal (*Verschwindet hinter seinem Brunnen...*)

SINA: Tja, da sind wir nun auch nicht klüger als vorher. Ich schlage vor, wir gehen weiter.

TALLY: Aber irgendjemand muss doch wissen, wo genau das Schloss der Rätsel zu finden ist!

ANJA: Schon möglich. Lass' uns weitergehen – schätze, wir stoßen schon bald auf die nächsten Märchenfiguren, von denen uns dann hoffentlich eine einen guten Tipp geben kann.

SINA: Seh' ich auch so. Also – wo lang?

TALLY: Wie heißt es so schön: Immer der Nase lang. (*Deutet direkt vor sich...*) Also, ist das da unser Weg. ([T A S] *setzen sich in Bewegung...*)
(Kurzer V O R H A N G)

8. SZENE   (*Hänsel & Gretel*)

([T A S] *nähern sich einem Käfigähnlichen Gebilde...*)

ANJA (*auf das Käfiggebilde deutend...*): Hey, schaut mal, was ist das da nun wieder?

SINA: Schätze ,mal, wir sind ins nächste Märchen geraten.

TALLY: Ja, und hier handelt es sich offenbar...

ANJA: …um Hänsel und Gretel?
SINA: Sieht fast so aus. Fragt sich nur, wo die dazugehörigen Märchenfiguren abgeblieben sind.
TALLY (*näher hinschauend…*): Der da (*auf den am Boden liegenden Hänsel deutend…*) könnte Hänsel sein. Doch…wo steckt dann Gretel?
ANJA: Richtig, und die Hexe fehlt auch.
SINA: Vielleicht doch eine anderes Märchen?
GRETEL (*tritt singend aus dem Wald heraus…*)

   1.) In einer dunkl'en Nacht
      liefen wir von zu Hause fort
      Es zog uns mit aller Macht
      ganz tief in den Wald hinein
      Da sah'n wir dieses Haus,
      von einem grellen Licht erhellt
      Da war's um uns gescheh'n,
      (denn) wir konnten nicht mehr widersteh'n

   2.) Das Haus bestand aus Leckerein
      Lebkuchen und so allerlei
      Hänsel griff sofort danach,
      brach einen Kuchen ab
      Plötzlich eine Stimme spricht,
      mitten aus dem Licht
      und eine Hexe tritt heraus,
      heraus aus ihrem Knusperhaus

   3.) Knusper, Knusper Knaü-äuschen
      wer knabbert da an meinem Häu-äuschen
      Knusper, knusperlein, es ist das Hänselein
      Und auch Gretel mit dabei, oh wie fein,
      na, dann kommt mal rein
      Wir wollten gerade geh'n…

(GRETEL *den Gesang abbrechend, als sie* [T A S'] *gewahr wird…*)

SINA: Hallo Gretel, was ist, warum singst du nicht weiter?
GRETEL: Oh, seid ihr die drei Mädels, von dem schon der ganze Wald erzählt?
ANJA: Soll das etwa heißen, unsere Anwesenheit hier hat sich bereits herumgesprochen?
GRETEL: Und ich dachte erst, es sei ein Märchen, dass uns jemand aus der Menschenwelt besucht.
TALLY: Ein Märchen?! Glaubt ihr Märchenfiguren etwa, wir Menschen seien ein Märchen?
GRETEL: Nun, es sei ja wohl die Frage erlaubt, wie ihr eigentlich hierher kommt, oder?
TALLY: Ich denke mal, wir sind geschickt worden, um die Welt der Märchen wieder in Ordnung zu bringen.
GRETEL: Ah. (*Nach einer kurzen Pause…*) Ja, hier geht tatsächlich einiges durcheinander, wie ihr vielleicht sehen könnt. (*Deutet dabei auf den an Boden liegenden* HÄNSEL…)
SINA: Was ist denn mit Hänsel?
ANJA: Ja, und wo ist denn die Hexe abgeblieben?
GRETEL *wieder singend…*
Wie gesagt… die Hexe kam heraus
trat hervor aus ihrem Haus
War erst freundlich, lud uns ein,
als Gast zu bei ihr zu sein
Doch auf einmal wurde sie bös',
steckte uns in einen Kä-äfig
Dann wurd' es plötzlich Nacht,
alle verloren ihre Kraft

Die Hexe lief davon
gerufen von ihrem Herrn
Alle Bösen haben sich vereint
und die Guten stehen nun – allein
([T A S] *schweigen einen Augenblick, dann:*)

TALLY: Was bedeutet das: Die Guten stehen allein?
ANJA: Ja, und was ist mit Hänsel?
GRETEL: Was es bedeutet? (*Traurig…*) Durch alle Märchen geht ein tiefer Riss und alles hat sich verschoben. Die Auswirkungen seht ihr dort.
(*auf* HÄNSEL *zeigend…*) Hänsel stirbt.
SINA: Er stirbt? Aber in euerem Märchen kommt doch keiner von euch beiden zu Tode!
GRETEL: Das ist es ja eben, was durcheinander geht. Hänsel atmet zwar noch, aber er rührt sich schon seit Tagen nicht mehr. (*Wieder traurig…*) Und ich weiß nicht, wie ich ihm helfen kann.
TALLY: Hast du mal etwas vom Schloss der Rätsel gehört?
GRETEL: Ein Schloss der Rätsel? Nein, es sei denn…
SINA: Ja? Es sei denn was?
GRETEL: Es gab einmal ein Schloss, auf dem sich alle Märchenfiguren regelmäßig getroffen haben. Vielleicht meint ihr ja das.
TALLY: Oh ja, genau das meinen wir. Wo finden wir dieses Schloss?
GRETEL (*achselzuckend…*): Alles hat sich verändert! Der Weg zu diesem Schloss ist nicht mehr zu erkennen, ich kann es euch nicht sagen. (*Sich plötzlich in eine bestimmte Richtung um drehend...*) Seht, dort hinten sind die sieben Zwerge, offenbar auf ihrem Weg zu Schneewittchen. Fragt sie doch einmal, vielleicht wissen sie ja mehr als ich.
(T A S *schauen ebenfalls in diese Richtung…*)
SINA: (GRETEL *umarmend…*) Arme Gretel, hab' vielen Dank. Lass den Kopf nicht hängen! Alles wird wieder in Ordnung kommen!
ANJA: Pass' auf Hänsel auf. So wie wir das Schloss der Rätsel gefunden haben, wird er auch wieder auf die Beine kommen, das versprechen wir dir.

TALLY: Ja Gretel, aber wir müssen nun weiter. Leb' wohl bis dahin.
([T A S] *setzen sich in Bewegung Richtung Bühnenabgang*)
GRETEL: ([T A S] *hinterher rufend...*): Aber bitte, beeilt euch! Es bleibt nicht mehr viel Zeit!
(*Ebenfalls ab von der Bühne...*)

9. SZENE (*Die sieben Zwerge*)
(Die sieben Zwerge [ZW] *kommen singend über die Bühne*)
ZW 1: Sieben Zwerge ging'n einmal
Alle ZW: über den Berg

ZW 2: Kamen müd' von der Arbeit
Alle ZW: aus einem Bergwerk.

ZW 3: Da fanden sie in ihrem Haus
Alle ZW: das Schneewittchen,
die kleine hübsche Maus
ZW 4: Schneewittchen war so wunderschön,
Alle ZW: drum wurd' sie auch vertrieben

ZW 5: von der bösen Königin
Alle ZW: die da dachte ihrerseits:

ZW 6: sie sei die Schönste weit und breit
Alle ZW: doch das Schneewittchen hinter'm Berg

ZW 7: tausendmal viel schöner war
Alle ZW: und auch immer bleibt!
Und **alle** ZW: Sieben Zwerge ging'n einmal ...
(*Im Gesang innehaltend, da sie* [T A S] *gewahr werden*)
ZW 1: Ah, die Menschenkinder.
ZW 2: Tatsächlich! Und in voller Lebensgröße
ANJA: Inzwischen kennt uns hier wohl jeder!

TALLY: Hallo, ihr lieben Zwerge, könnt ihr uns vielleicht helfen?
ZW: 3: Möglicherweise, kommt ganz darauf an, was ihr begehrt.
ZW 4: Aber das sind doch die drei Mädels, die ständig nach dem Schloss der Rätsel fragen.
SINA: Woher wisst ihr das denn?
ZW 4: Nun, in diesem Wald spricht sich so ziemlich alles schnell herum.
ANJA: Jeder scheint uns zu kennen, doch niemand kann unsere Frage beantworten.
ZW 5: Ganz genau so ist es: niemand kann das!
TALLY: Aber wieso denn bloß nicht?
ZW 6: Das Schloss der Rätsel … vorgestern war es noch dort (*in eine bestimmte Richtun g zeigend*), gestern schien es mehr dort (*in eine andere Richtung zeigend*) und heute…? Tja, wer weiß wo es heute ist…
ZW 7: … und demzufolge wird es auch morgen niemand wissen!
SINA: Und woran liegt das?
ZW 1: Ganz einfach: Der Wald sieht eben jeden Tag anders aus, ich meine, er verändert sich ständig, so dass man jegliche Orientierung verliert!
ANJA: Aber wie ist das denn bloß möglich?
ZW 2: Hexerei? Zauberei? Wer weiß…
ZW 3: Jedenfalls ist es zum Verrücktwerden! Selbst wir finden nicht mehr nach Hause.
ZW 4: Das arme Schneewittchen! Wir hoffen nur, dass sie auch ohne uns zurecht kommt.
TALLY: Und ihr wisst wirklich gar nichts vom Schloss der Rätsel?!
ZW 5: Nur so viel, dass es besetzt worden ist.
SINA: Besetzt?! Von wem?

ZW 6: Nun, von allen Hexen… und was sich sonst noch so Böses in den Märchen herumtreibt…
ZW 7: Ja! Auch der böse Wolf tummelt sich vor dem Schloss und beißt jeden in den A…Arm, der sich wagt, das Schloss betreten zu wollen.
ZW 1: Wie wir hörten, werden dort wohl auch einige gewaltsam gefangen gehalten!
ANJA: Gefangen gehalten?! Wer … von wem?
(*Etliche Zwerge zucken mit den Achseln…*)
ZW 2: Nun, Dornröschen zum Beispiel hat man hier schon lange nicht mehr gesehen.
ZW 3: Auch Schneeweischen und Rosenrot werden schon seit längerem vermisst, ebenso wie das tapfere Schneiderlein.
TALLY: Und ihr habt wirklich keine Ahnung, in welcher Richtung das Schloss liegen könnte?
ZW 4: Warum bloß sind die Menschen immer so begriffsstutzig?!
ZW 5 (*zu ZW 4…*): Aber, aber, sei nicht so bös' !
(*Und zu* [T A S] …): Warum seid ihr denn so begierig, dieses Schloss zu finden?
SINA: Na, weil wir… (*wird von* SCHNEEWITTCHENS [SCHNW.] *Gesang unterbrochen, das Blumenpflückend und dabei singend von hinten auf die Bühne kommt…*)
[SONG auf der Melodie von *I Was Lost In France…*]
 Hab' verloren meinen Weg, hab' verloren meinen Sinn
 Aß den Apfel der Königin, doch ihr Gift wirkte nicht
 Und nun geh' ich allein und irrend durch diesen Wald
 ohne wirklich zu wissen, wohin der Weg mich füht
 Na-na Na-na-na Na-naa-na Na na na na na na
 Hab' verloren meinen Weg …
Alle ZW: Schneewittchen!!
SCHNW.: (*mit dem Gesang innehaltend und aufblickend…*)
 Oh, da seid ihr ja wieder, meine geliebten Zwerge
  – ihr ward plötzlich verschwunden!

ZW 1: Wir haben einfach nicht mehr zurückgefunden.
ZW 2: Sag' Schneewittchen, aus welcher Richtung bist du gerade gekommen?
SCHNW. (*sich umdrehend und hinter sich zeigend…*): Na, von dort her. Aber ich bin schon seit Stunden unterwegs und hab' euch gesucht.
ZW 3: Auch sie wird den Weg nicht mehr zurückfinden
ZW 4: Dann suchen wir ihn jetzt eben alle gemeinsam.
ZW 5 (*zu* [T A S]): Was ist mit euch? Wollt ihr euch unserer Suche anschließen?
TALLY (ANJA *und* SINA *fragen d anschauend…*): Nun… ich denke, wir sollten besser den Weg zum Schloss der Rätsel suchen.
ZW 6: Tja, damit steht ihr dann ja wohl wieder vor eurem alten Problem…
ZW 7: …ich welche Richtung wollt ihr geh'n!?
ANJA: Das ist wohl wahr! (*und zu* TALLY *und* SINA): Warum gehen wir nicht ein Stück gemeinsam mit den Zwergen? Vielleicht finden wir ja unterwegs endlich irgendeinen Anhaltspunkt, wie's weitergehen soll.
SINA: Anja hat Recht . Es ist eben mal wieder völlig egal, welche Richtung wir einschlagen – also können wir auch genau so gut die Zwerge begleiten.
SCHNW.: Also gut! Versuchen wir es – ich geh' voran und gehe einfach jeden Schritt rückwärts, den ich die letzen Minuten getan habe.
(*Alle miteinander setzen sich in Bewegung Richtung Bühnenabgang…*), *und die* ZWERGE *singen noch einmal…*) Sieben Zwerge ging'n einmal
durch einen dunklen Wald.
War'n dabei auf der Suche
nach ihrem Zuhaus'

V O R H A N G

10. SZENE   (*Zauberer mit neuem Rätsel…*)
(*Der ZAUBERER sitzt singend unter einem Baum*)
Auf dem dunklen, dunklen Wald der Märchen
liegt ein Bann und auch ein tiefer Fluch
Denn die Märchen werd'n nicht mehr gelesen

> //: Wer bloß soll diese Welt noch retten
> wird sie denn vergessen
> von der Menschenwelt ://

Alle Hoffnung liegt auf den drei Mädchen
zu erkennen, was verloren ging.
Nur noch diese Mädchen könn' uns helfen
zu vereinen, was getrennt word'n ist

> //: Nur sie könn' noch die Märchen retten
> wenn sie das Schloss auch finden
> (und) von seinem Bann befrei'n ://

([T A S], SCHNEEWITTCHEN *und die* 7 ZWERGE *betreten die Bühne, und der* ZAUBERER *versteckt sich hinter dem Baum…*)
SCHNW. (*stehen bleibend und auf den Baum zeigend…*):
   Ich glaube, wir sind auf dem richtigen Weg, denn dieser Baum da kommt mir doch sehr bekannt vor.
ZW 1: Demzufolge müsste unser Heim in dieser Richtung liegen.
ZW 2: Was macht dich da so sicher?
ZW 3: Ich denke, er erkennt es an dieser Einkerbung hier.
ZW 4: Aber ja, ich erinnere mich ebenfalls: als wir auf dem Weg von unserem Haus hier vorbeikamen, gingen wir genau auf diese Einkerbung zu!
ZW 5: Schneewittchen, du bist wunderbar!
ZW 6: Wohlan denn, so haben wir unseren Weg gefunden!

ZW 7: (zu [T A S]): Was ist mit euch? Kommt ihr erst einMal mit zu uns, bevor ihr eure Suche nach dem Schloss der Rätsel fortsetzt? (*In diesem Moment tritt der* ZAUBERER *hinter dem Baum hervor*)
ZAUBERER: Ich fürchte, meine lieben Zwerge, daraus wird nichts!
(**ALLE** *weichen erschrocken einen Schritt zurück…*)
TALLY: Der Zauberer aus der Bibliothek!
SINA: Hätte nicht gedacht, dass wir uns noch einmal wiedersehen
ANJA: Ich schon! Er hat uns einfach hier hinein katapultiert ohne uns zu sagen, wo's langgehen soll.
ZAUBERER: Nun, auch ich weiß eben nicht alles. Immerhin bin ich jetzt hier, um euch zu helfen. Allerdings kann ich euch wieder nur in Form eines Rätsels helfen.
TALLY: Schon wieder ein Rätsel?!
SINA: Ein Rätsel wie das von Herrn Meier?
ANJA: Herr Meier? (*Nachdenkend um den* ZAUBERER *herumgehend…*) Ich weiß nicht, ich weiß nicht…
SINA: Was denkst du? Die Stimme und auch die Figur sind die gleichen wie…
TALLY: … wie die bei Herrn Meier?
Und alle drei: Sie **sind** Herr Meier!
ZAUBERER: Euer Scharfsinn und eure Beobachtungsgabe sprechen für euch – ich fühle mich ertappt!
Seid ihr bereit für das nächste Rätsel?
SINA: Wüsste nicht wie das bisherige Rätsel dieses gesamten Waldes hier überhaupt noch durch ein weiteres Rätsel zu toppen ist!
ANJA: Ein Rätse l führt uns zu diesem rätselhaften Wald, der uns zu einem Schloss der Rätsel führen soll…
TALLY: Und ein weiteres Rätse l stellt uns wahrscheinlich vor weitere Rätsel… Hört das denn nie auf?!

ZAUBERER: Ich kann euch ja verstehen, aber anders geht es nun mal leider nicht! Also: wie steht's?
TALLY (*sich resignierend auf den Boden setzend...*): Also schön: noch ein Rätsel!
ZAUBERER: So höret: Es gibt zwei Farben hier im Wald,
die streiten sich nie und kennen keine Gewalt
Sie haben einen Freund, der ist ziemlich groß,
ist mächtig und stark aber sonst ganz famos
Bei der Suche viel Spaß - seine Spur seht ihr hier,
auf geht's – die Spur führt zum Ziel...
(*... verbeugt sich während der letzten Zeile und „entschwindet" von der Bühne...*)
SINA: Aha! Also gut, folgen wir der Spur. Kommt!
ANJA: Muss das Rätsel nicht erst gelöst werden, bevor wir weitergehen?
SINA: Das versuchen wir, während wir schon mal der Spur folgen.
TALLY (*zu den Zwergen...*): Ja, und die führt genau in die entgegengesetzte Richtung zu eurem Haus. Damit heißt es jetzt Abschied nehmen.
ANJA: Habt vielen Dank für eure Hilfe, aber ihr habt ja selbst gehört: wir müssen weiter.
SINA: Fällt mir richtig schwer, mich von euch zu trennen, aber es muss leider sein!
Und all drei: Passt schön auf euch und ganz besonders auf Schneewittchen auf!
(*Ab von der Bühne...*)
Die **ZWERGE** *rufen ihnen hinterher*:
ZW 1: Ja, und viel Glück bei eurer Suche!
ZW 2: War nett, euch kennen gelernt zu haben.
ZW 3: Vielleicht sehen wir uns ja mal wieder!
ZW 4: Ja, besucht uns doch mal wieder!
ZW 5: Und vergesst uns nicht!
ZW 6: Da ziehen sie dahin.

ZW 7: Und wir ziehen endlich wieder nach Hause. Kommt!
(ZWERGE *setzen sich in Bewegung,* SCHNEEWITTCHEN
in die Mitte nehmend und singen noch einmal):
Sieben Zwerge ging'n einmal über den Berg...
V O R H A N G

11. SZENE *(Schneeweischen & Rosenrot / Bär)*
(SCHNEEWEISCHEN [**SCHNEEW.**] *und*
ROSENROT [**ROS.R**] *betreten die Bühne...*)
SCHNEEW.: Wo sollen wir bloß hin? Dieser Wald ist ja so
unendlich groß!
ROS.R.: Ja, wahrhaftig, wir sollten umkehren und...
(*In diesem Augenblick betritt der* **BÄR** *die Bühne...*)
SCHNEEW. (*auf den* BÄREN *zeigend...*): Um Himmels
willen, sieh nur!
ROS.R. (*sich hinter* SCHNW. *versteckend...*): Ein Bär! Ein
riesiger Bär!
BÄR (*beschwichtigend die Hand hebend...*): Habt keine
Angst – ich tu euch nichts.
SCHNEEW.: Aber... der kann ja sprechen!
BÄR: Sicher, alle Tiere können sprechen, zumindest in der
Märchenwelt.
ROS.R.: Wer bist du denn?
BÄR: Das will ich euch sagen – hört gut zu!
(*Dann ... singend...*):

Wurd' zum Bären einst verwandelt
schon vor so langer Zeit
Wurde einst einmal verwandelt
durch böse Zauberkraft

Und nun wart' ich auf zwei Seelen,
die mir treu ergeben sind.
Die zu mir steh'n und wissen,
dass ich eigentlich... ein Prinz bin

Habt keine Angst ihr Zwei,
denn ich tu' euch nichts
Mir fehlt nur ein bisschen Liebe
zu meinem Glück

Doch irgendwo am Ende
gibt's immer noch ein Licht
Gib' nicht auf, es zu finden
bevor alle Hoffnung bri
(*und gesprochen...*): Schneeweischen, Rosenrot, kommt her ihr zwei, lasst uns gemeinsam diesen letzen Wald durchqueren.
(*Nimmt beide in den Arm...währenddessen betreten auch* [T A S] *die Bühne...*)

ANJA: Ja, und auch unser letztes Rätsel hat sich soeben gelöst.
SINA: Aber natürlich! (*Auf* SCHNW. *und* ROS.R. *zeigend*) Hier haben wir unsere zwei Farben: Schnee**weiß**chen und...
TALLY: ...und Rosen**rot**!
BÄR (*sich* [T A S] *zuwendend...*): Und ihr seid die drei Mädels aus der Menschenwelt auf der Suche nach dem Schloss der Rätsel? Ich hab' schon befürchtet, ihr würdet gar nicht mehr kommen.
SINA: Na ja... wir sind eben hier und da doch etwas aufgehalten worden...
ANJA: ... in eurer doch etwas verrückt gewordenen Märchenwelt!
TALLY: Und es war ja auc h nicht ganz so leicht, alle drei Minuten lang ein neues Rätsel zu lösen!
BÄR: Tja, so ist dass nun mal leider, wenn man das Schloss der RÄTSEL finden will.
SINA: Ich getraue es mich ja gar nicht zu fragen: aber weißt **du** denn nun den Weg?

BÄR (*noch einmal singend...*): Durch sieben dunkle Täler muss ein Jeder geh'n und sieben dunkle Wälerd ganz allein durchquer'n.
Doch irgendwo am Ende gibt's immer noch ein Licht, gib nicht auf es zu finden, bevor alle Hoffnung bricht.
ANJA: Sehr schön, aber das hört sich ja schon wieder nach einem Rätsel an!
TALLY: Es sei denn... wir haben bereits sieben Täler und auch sieben dunkle Wälder durchquert!
SINA: Na ja, wenn wir alle bisherigen Stationen zusammenzählen...
TALLY: Du meinst, dann sind es genau sieben?
BÄR: Nicht ganz! Der letzte Wald liegt noch vor uns, und ich werde euch jetzt dort hindurchführen. Also, machen wir uns auf den Weg, bevor es zu spät ist!
(ALLE *setzen sich in Bewegung... Richtung Bühnenabgang...*)
V O R H A N G

12. SZENE (Vor dem *Schloss der Rätsel*)
(BÄR, SCHNW. , ROS.R. *und* [T A S] *betreten die Bühne*)
BÄR: Dies' ist der Wald, der das Schloss umgibt. Wir müssen auf der Hut sein!
SINA: Auf der Hut sein? Wovor?
BÄR: Alle Bösen haben sich vereint.
ANJA: Ja, so etwas Ähnliches sagte Gretel ja auch schon.
TALLY: Aber was es zu bedeuten hat, habe ich offensichtlich noch nicht so richtig verstanden.
SCHNW.: Und ich habe noch nicht verstanden, wieso ihr drei aus der Menschenwelt hier bei uns im Märchenwald gelandet seid!
SINA: Ist ‚ne lange Geschichte. Angezettelt hat das Ganze ja wohl Tallys Großmutter.
ROS.R.: Wieso? Was hat sie denn gemacht?

BÄR: Ich vermute mal, sie hat ihnen eben vom Schloss der Rätsel erzählt.
SCHNW.: Schloss der Rätsel? Nie davon gehört!
BÄR: Nun, es geht die Mär, dass alle Märchen in Vergessenheit geraten, sofern das Schloss der Rätsel nicht gefunden wird. Und zwar von Menschenkindern gefunden wird, und die es dann von seinem Bann befreien.
   (*Der* **BÖSE WOLF** [BW] *springt hinter einem Busch hervor*)
BW: Halt! Wohin des Wegs?!
BÄR: Gib den Weg frei, wir müssen die Großmutter und auch Rotkäppchen befreien!
BW: Hier wird überhaupt niemand befreit – das Schloss ist hermetisch abgeriegelt. Und auch du, verwunschener Bär, wirst daran nichts ändern können!
   (*Die* **HEXE** *tritt mit hinzu…*)
HEXE: Was ist los? Gibt es Ärger?
BW: Nicht unbedingt. Mal abgesehen davon, dass wir offensichtlich entdeckt worden sind…
HEXE (*die „Schar" vor sich betrachtend…*): Aha! (*Dann auf* [T A S] *zeigend, zum* BÄREN…):
   Aah, du hast ja diese drei lächerlichen Menschenkinder mit im Schlepptau – aber das wird dir auch nichts nützen. Ihr kommt zu spät! Eure Mühen waren ganz und gar vergebens!
BW: Ihr könnt wieder umkehren – euer Ausflug in die Märchenwelt ist hiermit beendet!
TALLY: Du glaubst doch nicht etwa, das s wir jetzt so kurz vor dem Ziel aufgeben werden?!
HEXE: So? Und was gedenkt ihr zu tun?
ANJA: Mich würde mal interessieren, was das Ganze hier eigentlich soll?
SINA: Ja! Wieso haltet ihr die anderen Märchenfiguren gefangen?

BÄR: Ihr wollt sie doch nicht etwa damit aus dem Erinnerungsvermögen der Menschen verbannen?!
BW: Ein schlauer Bär!
HEXE: Das nutzt ihm jetzt auch nichts mehr! Niemand kommt ins Schloss hinein!
TALLY: Jetzt verstehe ich, was meine Großmutter gemeint hat, alle Märchenfiguren geraten in den tiefen Abgrund einer nicht wieder zu erweckenden Vergessenheit.
ANJA (*zur* HEXE *und zum* BW): Na schön, und was genau bezweckt ihr nun damit?
BW: Wir allein setzen uns in den Erinnerungen der Menschen fest. Wir, die ihr uns die *Bösen* nennt!
HEXE: Ganz genau! Wir sind es leid, dass man auf uns herumhackt und in der Fantasie der Menschen ständig dafür herhalten sollen, als abschreckende s Beispiel zu dienen.
BW: Was wären denn alle Märchen ohne uns?! Rotkäppchen ginge mit ihrem Korb in den Wald, pflückte ein paar hübsche Blumen, brächte ihrer daheim verbliebenen Großmutter etwas Schönes zu essen und lebte mit ihr in Frieden und Harmonie…
HEXE: Oder die Königin befragte nicht ständig ihren Spiegel, wer denn nun die Schönste sei so weit und breit, sondern akzeptierte einfach, dass ein gewisses Schneewittchen eben noch schöner ist als sie, und beide lebten einfach, so schön wie sie nun mal sind, ganz friedlich vor sich hin…
BW: Dann gäbe es nicht einmal die sieben Zwerge, die ihren aufopferungswürdigen Edelmut zur Schau stellen könnten. Was für eine langweilige Märchenwelt!
HEXE: Wenn wir schon für all die schlechten Eigenschaften wie Habgier, Geiz, Eifersucht, ständiges Streben nach Macht und Reichtum und vor allem Eitelkeit

stehen sollen, dann fehlt uns dafür ja wohl eindeutig der uns gebührende Respekt. Und damit ist jetzt Schluss!
BW: Genau! Und deshalb werden auch alle ach so edlen und treuherzigen Märchenfiguren aus der Erinnerung verbannt – für immer!
SINA: <u>Das</u> also ist das Rätsel dieses Schlosses und die Ursache für die durcheinander geratene Märchenwelt!
ANJA:Tja, <u>das</u> Rätsel haben wir nun also gelöst. Doch... wie geht es jetzt weiter?
TALLY: Wir müssen unbedingt ins Schloss und die anderen Märchenfiguren befreien, ist doch klar! Das war wohl offensichtlich die ganze Zeit über unsere eigentliche Aufgabe!
SINA: Und wie sollen wir dort hineinkommen? Denke nicht, dass die beiden uns da (*dabei auf den* BW *und die* HEXE *zeigend...*) durchlassen werden!
BW: Wir wiederholen uns nur ungern, aber hier kommt ihr nicht durch!
BÄR: Oh je, das ist das Ende der Märchenwelt!
    (**BÄR, SCHW.** *und* **ROSR.** *singen gemeinsam*:)
    Was wird aus uns Märchen,
    wenn uns keiner mehr lesen will?
    Werden wir vergessen,
    fliegen dahin wie Staub im Wind

    Und wenn wir dann vergessen sind,
    ist auch unser Sinn dahin
    Zerstört ist unsere Welt,
    aus der wir einst entstanden sind

    Dunkelheit entsteht, die Welt der Phantasie vergeht,
    was kommt danach, nur noch Nächte ohne Tag?

Dunkelheit entsteht, die Welt der Märchen untergeht, es war einmal, war einmal und ist nicht mehr...

TALLY (*ANJA und SINA beiseite nehmend...*): Was machen wir jetzt?

ANJA: Wie heißt es so schön: Guter Rat ist teuer...
(*In diesem Augenblick erscheint erneut der ZAUBERER...*)

ZAUBERER: Gar nicht mal so teuer, wie ihr denkt!
([T A S] *drehen sich nach ihm um...*)

SINA: Na, der kommt ja auch immer im richtigen Augenblick!

ANJA: Und wird uns wieder mit einem neuen Rätsel konfrontieren!

ZAUBERER: Ganz recht, aber es ist nun mal die einzige Möglichkeit, euch meine Hilfe anzubieten!
Ganz abgesehen davon: Bisher habt ihr doch auch alle Rätsel gelöst!

TALLY (*sich resignierend auf einen Stein/ Baumwurzel...*) *setzend...*): Also schön, wir hören!

ZAUBERER: (*wieder feierlich...*): Was wäre, wenn es kein **Schwarz** ohne **Weiß** gibt, keinen **Tag** ohne **Nacht**, kein **Licht** ohne **Dunkelheit**, kein **Warm** ohne **Kalt**, keine **Liebe** ohne **Hass**, keine **Freude** ohne **Trauer**, kein **Glück** ohne **Leid**... (*und weitere Gegensätze aufzählend Richtung Bühnenabgang...*) ... kein **Ja** ohne **Nein**, kein **Leben** ohne **Tod**...

SINA: (*ihm hinterher rufend*): Dann gibt es auch kein **Gut** ohne **Böse** !

TALLY (*aufspringend*): Und demzufolge... auch kein **BÖSE** ohne **GUT** !!

([T A S] *schauen sich aufgeregt an, und dann . . .*
alle drei zusammen): **Das ist es !!**

SZENE 12 a: (...*immer noch vor dem Schloss der Rätsel...*)
TALLY (*auf den versperrten Schlosseingang zugehend...*):
Hey Hexe, Böser Wolf! Kommt noch einmal vor's Tor, wir haben mit euch zu reden!
SINA: Was willst du ihnen denn sagen?
TALLY: Wirst du gleich sehen beziehungsweise hören.
ANJA: Sie scheinen aber nicht mehr mit uns reden zu wollen.
TALLY: Hey, wie wär's mit einem Tausch? Wir übergeben euch Schneeweischen und Rosenrot im Austausch für Hänsel und Gretel.
ANJA: Tally, das kannst du nicht machen!
BÄR: Was erhoffst du dir davon zu gewinnen?
TALLY: Ich muss sie einfach wieder herauslocken, dafür ist mir jedes Mittel recht!
SCHNW.: Wir wollen aber gar nicht in dieses grässliche Schloss!
ROSR.: Wir möchten zurück in unseren Wald zusammen mit dem Bären!
SINA: Keine Sorge, ihr Zwei, habt Vertrauen zu Tally!
(BW *und* HEXE *erscheinen wieder am „Tor"...*)
HEXE: Wenn ich richtig gehört habe, wollt ihr also verhandeln!
TALLY: Ganz recht!
BW: Ihr bietet uns also die Zwei da... (*auf* SCHNW. *und* ROSR. *zeigend...*)
HEXE: Und was genau verlangt ihr im Gegenzug dafür?
ANJA: Hänsel und Gretel – wieder in der Freiheit der Märchenwelt!
BW: Ein bisschen wenig, findet ihr nicht auch?
SINA: Immerhin ein Anfang, oder? Aber eins wollte ich euch zwei noch fragen....
HEXE: Nämlich?
SINA: Habt ihr schon mal über Gegensätzlichkeiten nachgedacht?
BW: Was zum Teufel denn für Gegensätzlichkeiten?!

SINA: Nun, wenn es die von euch so verhassten guten und edlen Märchenfiguren nich t mehr gibt, dann könnt auch ihr alleine in der Märchenwelt nicht mehr existieren!

HEXE: Papperlapapp! Was für ein Unsinn ist das denn nun wieder?

ANJA: Gibt es kein Weiß ohne Schwarz, keine Nacht ohne den Tag, dann…

SINA: …dann gibt es auch kein Gut ohne Böse…

TALLY: …und demzufolge auch kein Böse ohne Gut! Mit anderen Worten, ihr würdet mit eurem Vorhaben, alle Guten aus der Erinnerung der Menschen zu verbannen, auch euch selbst auslöschen, denn ihr könnt nicht einfach das vorgegebene Gleichgewicht zu euren Gunsten verändern! Denkt noch mal darüber nach!

BW: Das ist ja wohl alles ein bisschen spitzfindig, findet ihr nicht auch?

SINA: Wollt ihr es denn darauf ankommen lassen?

ANJA: Entweder alle Märchenfiguren werden wieder miteinander vereint oder aber…

HEXE: …oder aber was?

TALLY: Euer Schloss der Rätsel fällt noch weiter in sich zusammen mit allen darin gefangenen Märchrenfiguren und wird auch euch mit in den Untergang ziehen. Dann ist es auch mit euch aus und vorbei!

BÄR: Oh weh, das tatsächliche Ende der Märchenwelt!

SINA: Tja, euer seltsamer Anspruch lässt sich wohl so, wie ihr euch es vorstellt, nicht verwirklichen!

ANJA: Was ist nun? Entscheidet euch!

HEXE (*kurz mit* BW *tuschelnd…, dann*): An dem, was ihr sagt, ist was dran…

BW: Entbehrt nicht einer gewissen Logik, wenn ich mal so sagen darf, obwohl…

SINA: …obwohl was?
BW (*sich windend*): Na ja, obwohl wir schon gerne alleine... ach, was soll's, ihr habt ja Recht!
ANJA: Aha, na endlich! Also, was tun wir jetzt?
HEXE: Wir gehen alle ins Schloss, um zu retten, was noch zu retten ist.
TALLY: Was heißt das: was noch zu retten ist? Sind wir etwa zu spät gekommen?
HEXE: Ich weiß es nicht! Vielleicht, ja - vielleicht auch nicht. Auf jeden Fall haben wir nicht mehr viel Zeit, also kommt!
(ALLE *setzen sich in Bewegung durch denSchlosseingang…*) (Kurzer) *V O R H A N G*

13. SZENE   Im Schloss der Rätsel
(*Im Thronsaal des Schlosses: Die* **BÖSE KÖNIGIN** [BKÖ] *sitzt in ihrem Thronsessel (im besagtem* **dritten Sessel**...) *und starrt in den vor ihr stehenden Spiegel. Im Saal verteilt liegen die gefangenen Märchenfiguren :* Rumpelstilzchen, Hänsel & Gretel, *und der* Froschkönig…
BW, HEXE, [T A S] , BÄR *mit* SCHNW. & ROS.R *betreten den Saal…*)

BW: Willkommen im Schloss der Rätsel!
HEXE: Fühlt euch ganz wie zu Hause!
BÄR (*auf all di e gefangenen Märchenfigure n zeigend*): Oh, seht nur!
SCHNW: Gefangen und gefesselt!
ROS.R: Für immer verloren!
TALLY: Gar nichts ist verloren. Sieht so aus, als seien wir doch noch rechtzeitig ans Ziel gelangt.
BKÖ (*von ihrem Thron aufstehend…*): Ich wusste gar nicht, dass ich Besuch bekomme! Mein Wolf, wer sind diese… Menschenkinder da?!
BW: Sie sind gekommen, die gefangenen Märchenfiguren zu befreien.

BKÖ (*höhnisch…*): So? (*Sich wieder auf den Thron setzend*): Und wie ist es möglich gewesen, dass sie überhaupt in dieses Schloss gelangen konnten?!

HEXE: Na ja, sie haben uns irgendwie überzeugt.

BKÖ: Aha! Überzeugt von was?

BW: Nun, sie haben…

TALLY (*den BW unterbrechend und auf die BKÖ zugehend…*): Es gibt kein GUT ohne BÖSE…

ANJA: …und demzufolge auch kein BÖSE ohne GUT!

BKÖ: Was ihr nicht sagt! (*Und zum BW*): Was soll dieser Unsinn?

BW: Na ja… wir haben… ich meine, das leuchtet ja irgendwie auch ein, dass…

BKO …dass was?! Habt ihr euch etwa von diesen armseligen Menschenkindern da einlullen lassen?!

TALLY (*auf die BKÖ zugehend…*): Warum haltet ihr all die guten Märchenfiguren gefangen? Was sollen dann noch alle Märchen für die Kinder bedeuten?! Was seid ihr „Bösen" denn schon ohne all die anderen? Euch gibt's ja gar nicht ohne die „Guten"!

BKÖ: Ach, was du nicht sagst, du kleines kluges Menschenkind!

ANJA: Ihr seid doch nichts weiter als das Produkt menschlicher Fantasie und könnt hier nicht einfach eine Alleinherrschaft übernehmen wollen!

SINA: Genau! Ihr seid doch bloß vorhanden, damit die Kinder früh genug lernen, was sie für „Gut" und was für „Böse" halten sollen.

BKÖ: Ja und? Denkt ihr vielleicht, das weiß ich nicht?! Was glaubt ihr eigentlich, wessen Schöpfung ihr seid, hm?

SINA: Wir sind natürlich die Schöpfung der Natur!

BKÖ: Aha! Und die euch damit gegebene Fantasie gehört nicht zur Schöpfung der Natur?

ANJA: Ohne Zweifel! Und deswegen untersteht ihr Märchenfiguren uns – unserer Fantasie! Wir befehlen euch hiermit, dass ihr Märchenfiguren euch wieder vereint und euch - euren Märchen entsprechend - wieder verhaltet. Mit anderen Worten: gebt die Gefangenen frei!!

BKÖ: Na na , du armseliges Menschenkind, was weißt du schon vom Anfang der Dinge…

SINA: Genug um zu erkennen, dass du auf dem besten Wege bist, die Welt der Märchen für immer zu zerstören und damit ein unschätzbarer Wert für die Kinder verloren geht!

(*Im Hintergrund ist das Grummeln einfallenden Schlossgemäuers zu hören und – für die Zuschauer sichtbar – fallen erste Gesteinsbrocken von der Decke des Thronsaals…*)

BÄR (*auf die herabfallenden Gesteinstrümmer zeigend*): Es bleibt keine Zeit mehr!

SINA: Na dann, worauf warten wir noch? Befreien wir alle gefangenen Märchenfiguren…

ANJA: … und vereinigen sie ihren Märchen entsprechend wieder!

([T A S] *machen sich dran, die gefangenen Märchenfiguren von ihren Fesseln befreien zu wollen…*)

BKÖ (*sich ihnen in den Weg stellend*): Oh nein, so einfach geht das nicht! Ihr müsst um die Gefangenen kämpfen, gegen uns! Zeigt uns, was sie euch wert sind!

(*Und zum* BW *und* HEXE): Ergreift sie und sperrt sie ins finsterste Verließ, das sich auf diesem Schloss auch nur finden lässt!

(BW *und* HEXE *zögern…*)

Na los! Wird's bald! Noch untersteht ihr meinem Befehl und ihr werdet gefälligst gehorchen!

(BW *und* HEXE *gehen zögerlich auf* [T A S] *zu…*)

TALLY: Ihr müsst euch entscheiden: Auf welcher Seite sreht ihr nun?

BKÖ: Auf meiner natürlich! Und nun kämpft!

(*Sie selbst eröffnet den Angriff auf* **ANJA** *und* **SINA**, *während* **TALLY** *sich schnell seitwärts abwendet um die Gefangenen zu befreien… Auch* BW *und* HEXE *werden nun in den Kampf verwickelt - das Ganze geschieht in zeitlupenähnlichen Bewegungen… Während des Kampfes kommen* **ANJA** *und* **SINA** *ums Leben, während es* **TALLY** *noch gegelingt, die „Fesseln" der Gefangenen zu durchschneiden, so dass diese in die Freiheit des Märchenwaldes gelangen können…*
Der **ZAUBERER** *erscheint und bezwingt in einem Kampf die* **BKÖ**, *um sie ebenfalls nach draußen zu führen…*)
TALLY (*des* ZAUBERERS *gewahr werdend…*): Der Zauberer! Was tust du da? Warum hilfst du der der Bösen Königin?!
ZAUBERER: Du hast es selbst gesagt, Tally: Ohne BÖSE kein GUT! Um die Welt der Märchen zu erhalten, muss auch sie fortbestehen! Sieh' zu, dass auch du hier endlich herauskommst, bevor alles zusammenstürzt! (*Und zieht die* BKÖ *aus dem Schloss… Und wie die Märchenfiguren nach draußen gelangen, fällt das Schloss restlos in sich zusammen;* **TALLY** *wird von einem herabstürzenden Gesteinsbrocken getroffen und fällt zu Boden…*)
Der **BÄR**, *noch einmal das Schloss betretend, sieht* **TALLY** *unter dem Gesteinsbrocken und zieht sie dort hervor, froh darüber festzustellen, dass sie noch am Leben ist…*)
BÄR: Tally. Oh mein Gott, Tally! Ist alles in Ordnung?
TALLY (*sich unter dem Gesteinsbrocken hervorwühlend*): Ich… ich… wo sind wir?!
BÄR: Du hast es geschafft! Wir sind immer noch im Schloss der Rätsel…ich meine zumindest in Dem, was davon noch übrig geblieben ist.
TALLY: Wo sind…
BÄR: … die gefangenen Märchenfiguren? Hab' keine Sorge,

sie sind alle wieder in der Freiheit der Märchenwelt – dank eurer Hilfe...

TALLY: Nein, ich meine, wo sind meine Freundinnen, Anja und Sina?

BÄR (*traurig...*): Sie sind... sie haben es nicht geschafft. Es tut mir leid!

TALLY: Was heißt das: sie haben es nicht geschafft?

BÄR (*auf ANJA und SINA zeigend....*): Sieh' nur!

TALLY (*aufstehend und auf die leblosen Körper von ANJA und SINA zugehend...*): Oh nein! Anja! Sina! Was ist mit euch? (*sich zu den Beiden niederkniend... dann: zum BÄREN*): Was ist mit ihnen?! Warum bewegen sie sich nicht mehr? Warum sagen sie nichts mehr?!

BÄR (TALLY *von den Beiden wegziehend...*): Komm! Du kannst nichts mehr für sie tun – es tut mir so leid!

TALLY (*voller Tränen, immer noch bei ANJA und SINA niederkniend...*): Sie sind tot! Oh mein Gott, sie sind tot!

BÄR: Ja Tally, sie sind tot! Komm jetzt, wir müssen hier raus! Das ganze Schloss fällt in sich zusammen!

TALLY: Aber... aber, wir können sie doch nicht einfach hier so allein zurücklassen, wir...

BÄR (TALLY *am Arm ziehend*) : Komm jetzt! Wenn du dich selbst jetzt nicht in Sicherheit bringst, war ihr Tod völlig umsonst!

TALLY: Ich kann nicht ohne sie zurückgehen, ich... Wo ist der Zauberer?! Warum erscheint er jetzt nicht, da ich seine Hilfe am nötigsten bräuchte! Oh, dieser verdammte Zauberer, dieser verdammte Herr Meier, er hat uns diesen ganzen Mist hier eingebrockt – ich hasse ihn!

BÄR: Du tust ihm Unrecht! Seine Aufgabe war es, euch hierher zu führen, damit ihr die Märchenfiguren aus dem

Bann dieses Schlosses befreien könnt. Alle haben ihre Aufgabe erfüllt!
(TALLY *zum Ausgang ziehend*): Nun, komm schon, es ist höchste Zeit!
   (TALLY *und* BÄR *verlassen die Bühne...*)
VORHANG

SPRECHER (**vor** dem ***VORHANG***): Tja, liebe Zuschauer, das war sie nun: die Geschichte vom ***Schloss der Rätsel...*** Ein unrühmliches Ende, werden Sie sagen, ohne Happy End und mit unbefriedigendem Ausgang. Haben die Bösen eben doch über die Guten gesiegt oder haben die Guten gesiegt, allerdings, nicht ohne entsprechende Opfer zu bringen? Sollen wir Sie wirklich mit diesem offenen Ende nach Hause entlassen oder meinen Sie nicht auch, wir sind Ihnen noch eine Auflösung all dessen schuldig, was Sie eben gesehen haben? War das nun der Anfang eines Endes oder das Ende eines Anfangs? Entscheiden Sie selbst, liebe Zuschauer, **eine** haben wir noch!
V O R H A N G auf... für die **letzte** SZENE

14. (und letzte(!)) **SZENE** (*Wieder in der Wohnstube der* GM... *diese sitzt in ihrem Sessel und liest in besagtem Märchenbuch...* **TALLY** *ist während des Vorlesens eingeschlafen...*)

GM: „...und so lebten sie glücklich und zufrieden bis an ihr Lebensende und wenn sie nicht gestorben sind, so leb'n sie auch noch..." (*auf die eingeschlafene* TALLY *schauend...*): Hey, Taliana! (*rüttelt sie ein wenig*) Sag' mal, bist du etwa eingeschlafen?! Taliana!

TALLY (*in ihrem Stuhl hochfahrend...*): Was?! Was... ich... Großmutter!

GM: Aber ja, Taliana, was ist mit dir? Du siehst ja völlig verstört aus!

TALLY: Bin ich.... bin ich etwa eingeschlafen?
GM: Ja, es sieht ganz danach aus.
TALLY: Großmutter, ich habe geträumt! Ich habe eine völlig wilde Geschichte geträumt!
GM: So? Was hast du denn geträumt?
TALLY: Völlig unglaublich! Ich war in der Märchenwelt und... (*Es klingelt an der Wohnungstür...*)
GM: Augenblick Taliana. (*Aufstehend...*) Wer mag' das sein? Ich schau' mal nach.
(*Öffnet die Wohnungstür und...* ANJA *und* SINA *betreten das Wohnzimmer...*)
TALLY (ANJA *und* SINA *fassungslos anstarrend...*): Anja! Sina!
SINA: Aber ja, Tally, wer denn sonst? Was ist? Was starrst du mich an, als sei ich ein Gespenst?!
ANJA: Tally, geht es dir nicht gut?
TALLY: Ich... aber, ihr seid doch tot?!
SINA: Was?! Bist du verrückt geworden, Tally?
ANJA: Wenn's dir nicht gut geht, Tally, dann verschieben wir unseren Termin lieber.
TALLY: Was für einen Termin?
SINA: Hallo, wir waren verabredet, um in die Bibliothek zu gehen. Weißt du das nicht mehr?
TALLY: In die Bibliothek?!!
ANJA: Himmeldonnerwetter, Tally, was ist denn mit dir los?! Du bist ja völlig von der Rolle!
TALLY: Ich... aber... (*Es klingelt erneut an der Wohnungstür...*)
GM: Ich geh' und öffne... (*Öffnet die Wohnungstür und...* Herr MEIER *betritt den Raum...*)
Hr. MEIER: Guten Tag, gnädige Frau, ich bringe Ihnen Ihre Bestellung vom Supermarkt .([T A S] *gewahr werdend*) Oh, Sie haben Besuch von Ihrem Enkelkind!
(*und zu* TALLY): Sehr erfreut, das junge Fräulein einmal kennen zu lernen!

TALLY: Der Zauberer!!

Hr. MEIER: Zauberer? Oh nein, zaubern kann ich leider noch nicht. Aber für Ihre Großmutter gebe ich mir die größte Mühe. (*Zur* GM:) Soll ich die Taschen in der Küche abstellen?

GM: Oh ja, das wäre sehr nett von Ihnen!

TALLY (Herrn MEIER *hinterher starrend, dann zu* ANJA *und* SINA): Wir wollten also in die Bibliothek. Und aus welchem Grund doch gleich noch mal?

SINA: Tally, das meinst du doch wohl nicht im Ernst!

ANJA: Hast du etwa jetzt schon Probleme mit dem Kurzzeitgedächtnis?!

SINA: Kannst du uns mal erklären, was zum Kuckuck eigentlich mit dir los ist? Hast du schlecht geträumt heute Nacht, oder was?

TALLY: Geträumt... ja. Jetzt sagt mir nur nicht, wir wollten in die Bibliothek, um ein Buch über... über Rätsel zu suchen?

ANJA: Rätsel? Was für Rätsel?

SINA:(*leicht entnervt*):Tally, wir müssen nächste Woche ein Referat über die verschiedenen Kulturen allgemeinen Märchenguts halten. Schon vergessen?

ANJA:Und dazu brauchen wir Fachliteratur - aus der Bibliothek!

TALLY: Das kann doch alles nicht wahr sein!

SINA: Ist es aber leider nun mal. Schließlich hast du dich ja auch freiwillig für dieses Referat gemeldet! Also, was ist, kommst du nun mit oder müssen wir die ganze Arbeit alleine machen?

TALLY (*in den Sessel fallend*): Wie um alles in der Welt ist dieser Traum nur zustande gekommen?! Er war so real, als hätte das alles tatsächlich stattgefunden!

ANJA: Also langsam machst du mich wirklich neugierig!

SINA: Wovon handelte der Traum denn?

TALLY: Es ist… es war die Geschichte vom… Schloss der Rätsel.
ANJA und **SINA**: Schloss der Rätsel!?!

(… und damit „fällt" der „letzte" *VORHANG* …)

E N D E

CPSIA information can be obtained
at www.ICGtesting.com
Printed in the USA
BVHW031122250822
645505BV00013B/991